BEI GRIN MACHT SICH IHR WISSEN BEZAHLT

AF141166

- Wir veröffentlichen Ihre Hausarbeit, Bachelor- und Masterarbeit

- Ihr eigenes eBook und Buch - weltweit in allen wichtigen Shops

- Verdienen Sie an jedem Verkauf

Jetzt bei www.GRIN.com hochladen und kostenlos publizieren

Chancen und Risiken künstlicher Intelligenz. Ethische Herausforderungen und wichtige Maßnahmen bei der Einführung

G R I N ☺

Bibliografische Information der Deutschen Nationalbibliothek:

Die Deutsche Nationalbibliothek verzeichnet diese Publikation in der Deutschen Nationalbibliografie; detaillierte bibliografische Daten sind im Internet über http://dnb.d-nb.de abrufbar.

ISBN: 9783346783165
Dieses Buch ist auch als E-Book erhältlich.

Druck und Bindung: Books on Demand GmbH, Norderstedt Germany
Gedruckt auf säurefreiem Papier aus verantwortungsvollen Quellen

Das vorliegende Werk wurde sorgfältig erarbeitet. Dennoch übernehmen Autoren und Verlag für die Richtigkeit von Angaben, Hinweisen, Links und Ratschlägen sowie eventuelle Druckfehler keine Haftung.

Das Buch bei GRIN: https://www.grin.com/document/1309259

Inhaltsverzeichnis

Abkürzungsverzeichnis

BMWi	-	Bundesministerium für Wirtschaft und Energie
d. h.	-	das heißt
EAS	-	Stiftung für Effektiven Altruismus
engl.	-	Englisch
KI	-	Künstliche Intelligenz
lt.	-	laut
sog.	-	sogenannt
u. A.	-	unter Anderem
z. B.	-	zum Beispiel

Abbildungsverzeichnis

1. Einleitung

1.1 Problemstellung

„KI ist wahrscheinlich das Beste oder das Schlimmste, was der Menschheit passieren kann"

- Stephen Hawking (Physiker) -

Das vorangegangene Zitat des renommierten Physikers Hawking verdeutlicht, dass die künstliche Intelligenz (KI), welche sich immer mehr im täglichen Alltag etabliert, Chancen eröffnet aber auch Risiken mit sich bringen kann. Die neuartige Technologie charakterisiert sich dadurch, dass Maschinen Intelligenzleistungen erbringen, welche dem menschlichen Wesen ähneln.[1] Das bedeutet, dass Maschinen die kognitiven Fähigkeiten des Menschen durch Algorithmen nachbilden.[2]
Mittlerweile ist die KI in vielen verschiedenen Bereichen wiederzufinden, wie z. B. im Bereich des Marketings. Werbung wird auf den Endverbraucher individuell abgestimmt und zugeschnitten, um Interesse zu wecken und damit die Tendenz eines Kaufes zu fördern.[3] Auch die Sprachsteuerung von Siri und Alexa, die auf eigene Spracheingaben reagieren und antworten, gehören zur neuen KI-Technologie.[4] Auf vielen Webseiten sind inzwischen Chatbots zu finden, um Fragen der Kunden beantworten. Damit wird die Wartezeiten verkürzt, da dieser Service zu jeder Tages- und Nachtzeit genutzt werden kann.[5]
Trotz zahlreicher Vorteile, die die KI mit sich bringt, spalten sich die Meinungen darüber. Der KI-Zukunftskompass von Bosch gibt Aufschluss darüber, wie die Einwohner von Deutschland über die neuartige Technologie denken. Demnach ist der Rückhalt gegenüber der KI hoch und mit starker Skepsis belastet.[6] Schwerwiegende Gefahren, wie z. B., dass die Technologie in die falschen Hände gelangen könnte oder Kontrollverlust durch ein menschenähnliches Wesen, lauern in der neuen Technologie. Die Chancen und Risiken sind daher bestmöglich abzuwägen. Dennoch wünschen sich, lt. der Studie, 60 % aller Befragten den vermehrten Einsatz von industrieller KI.[7] Hingegen bei

---

[1] Vgl. Schick, (2018)
[2] Vgl. Ballestrem et al. (2020), S. 2
[3] Vgl. Wittpahl (2019), S. 7
[4] Vgl. Wittpahl (2019), S. 7
[5] Vgl. Ballestrem et al. (2020), S. 2
[6] Vgl. Bosch (2020), S. 2
[7] Vgl. Bosch (2020), S. 3

Personalentscheidungen und der Kranken- und Altenpflege vertraut die Mehrheit der Befragten dem Menschen.[8]

Mit erheblichen Folgen und Veränderungen ist bei der rasanten KI-Entwicklung in verschiedenen Lebens-, Arbeits- und Wirtschaftsbereichen künftig zu rechnen.[9]

1.2 Zielsetzung

Durch den steigenden Einfluss von KI in verschiedenen Lebensbereichen ergeben sich sowohl Vor- als auch Nachteile, die innerhalb dieser Hausarbeit aufgezeigt werden sollen. Neben der Abwägung der Chancen und Risiken ergeben sich hinsichtlich der Nutzung zudem ethische Herausforderungen. Dies ist dann der Fall, sobald eine Maschine eigenverantwortlich handelt und Entscheidungen ohne die Einflussnahme eines Menschen trifft. Der Mensch hat an dieser Stelle keine Kontrolle mehr. Diese Herausforderungen sollen ergänzend aufgezeigt werden. Für die nun festgelegten Ziele dieser Hausarbeit, das Aufzeigen der Chancen und Risiken, sowie der ethischen Herausforderungen, müssen schlussendlich Maßnahmen abgeleitet werden, um einer negativen Entwicklung entgegenzuwirken.

1.3 Übersicht über den Aufbau der Arbeit

Nach dieser Einleitung folgt im zweiten Punkt die Schaffung eines theoretischen Rahmens, welcher unter Rückgriff auf relevanter wissenschaftlicher Literatur erfolgt. Gestartet wird mit der Begriffserläuterung Künstliche Intelligenz. Anschließend werden zwei ausgewählte Arten der KI vorgestellt: Das Maschinelle Lernen gefolgt vom Tiefen Lernen (*engl. Deep Learning*). Folgend werden auf die Zusammenhänge zwischen KI und der Wirtschaft, der Gesellschaft und der Ethik eingegangen. Basierend auf diesen theoretischen Grundrahmen werden Forschungsfragen formuliert, welche im folgenden methodischen Teil beantwortet werden sollen. Der methodische Teil beginnt mit einer kurzen Vorstellung des zugrundeliegenden Diskussionspapiers, worauf der Ablauf einer qualitativ inhaltlich strukturierten Inhaltsanalyse beschrieben wird, und schlussendlich die Darstellung der Ergebnisse folgt. Im vorletzten Kapitel, der Diskussion, werden die

---

[8] Vgl. Bosch (2020), S. 4
[9] Vgl. Wittpahl (2019), S. 10

erarbeiteten Ergebnisse des dritten Kapitels bewertet und reflektiert. Abgeschlossen wird die Arbeit mit einem Fazit und Ausblick.

2. Theoretische Grundlagen

2.1 Begriffserläuterung Künstliche Intelligenz

Eine allgemeine Definition für KI existiert nicht, was sich aus dem Umstand erklären lässt, dass bereits der Begriff der Intelligenz nicht klar zu definieren ist.[10] Laut Duden ist Intelligenz die „Fähigkeit [des Menschen], abstrakt und vernünftig zu denken und daraus zweckvolles Handeln abzuleiten".[11] Eine etwas umfangreichere Definition liefert Lohaus und Vierhaus, die den Begriff verstehen als „Fähigkeit, sich an neue Situationen und Anforderungen der Umwelt anzupassen, und ebenso die Fähigkeit, die umgebende Umwelt zu verändern."[12] Mit „künstlich" ist die Nachahmung der natürlichen Vorgänge gemeint. Sprich bei der KI wird das menschliche Verhalten durch ein nicht menschliches Wesen nachgeahmt. Die Maschine soll sich wie ein intelligenter Mensch verhalten und selbstständig lernen.[13]

Forschungen im Bereich der KI lassen sich in zwei abstrakte Richtungen zuordnen, und zwar in die schwache und die starke KI.[14] Die starke KI konzentriert sich auf die menschlichen Fähigkeiten und versucht das menschliche Gehirn abzubilden und zu imitieren, während die schwache KI sich grundlegend mit konkreten Anwendungsproblemen und deren Lösungen beschäftigt.[15] Zum jetzigen Zeitpunkt ist allerdings die starke KI noch lange nicht anwendbar und daher existieren keine Forschungsprojekte, welche der starken KI nahe kommen.[16]

Grundsätzlich stellt sich die Frage, ab wann eine Maschine als intelligent eingestuft wird. Hier kann z. B. der Turing-Test als akzeptiertes Messwerkzeug Aufschluss geben.[17] Das Instrument wurde bereits im Jahr 1950 von Alan Turing entwickelt und hält sich bis heute. Im Rahmen des Turing-Tests kommuniziert eine Person elektronisch und stellt verschiedene Fragen, die einerseits von einem Menschen und anderseits von einer Maschine

---

[10] Vgl. Paaß/Hecker (2020), S. 1
[11] Duden (2021)
[12] Lohaus/Vierhaus (2019), S. 150
[13] Vgl. Paaß/Hecker (2020), S. 1
[14] Vgl. Buxmann/Schmidt (2021), S. 6
[15] Vgl. Buxmann/Schmidt (2021), S. 6 f.
[16] Vgl. Buxmann/Schmidt (2021), S. 7
[17] Vgl. Paaß/Hecker (2020), S. 2

beantwortet werden. Am Ende des Tests muss der Fragestellende herausfinden, welcher Partner der Mensch ist. Kann er das nicht eindeutig bestimmen, so gilt die eingesetzte Maschine als intelligent.[18]

2.2 Teilgebiete der KI

In diesem Punkt werden die zwei gängigsten Verfahren der KI vorgestellt: das Maschinelle Lernen sowie das Tiefe Lernen (*engl. Deep Learning*).

2.2.1 Maschinelles Lernen

Beim Maschinellen Lernen werden Algorithmen verwendet, welche in der Lage sind, selbstständig zu lernen und folgende Verbesserungen vorzunehmen.[19] Diese Definition unterstreicht auch das renommierte Unternehmen Microsoft, welche folgendermaßen lautet: „Algorithmen können Muster und Gesetzmäßigkeiten in Datensätze erkennen und daraus Lösungen entwickeln. Einfach gesagt: Wissen wird aus Erfahrung generiert."[20] Das Maschinelle Lernen benötigt jedoch noch die menschliche Intervention, denn es müssen einerseits relevante Daten eingegeben und andererseits Algorithmen vorgegeben werden.[21] Sind die Vorgaben erfüllt, so ist ein weiterer Eingriff z. B. durch einen Softwareentwickler nicht mehr nötig, da ab hier die Maschine übernimmt.

Grundsätzlich lässt sich das Maschinelle Lernen in drei Hauptkategorien untergliedern: überwachtes Lernen (*engl. Supervised Learning*), unüberwachtes Lernen (*engl. Unnsupervised Learning*) und verstärktes Lernen (*engl. Reinforcement Learning*).[22] Beim **überwachten Lernen** gibt es Eingangsparameter in Form von Algorithmen und ein fest definierter Ausgabewert.[23] Hierbei geht es hauptsächlich darum, die Algorithmen auf die eingegebenen Daten zu trainieren. Das System soll eine Verbindung zwischen Eingangsdaten und Output-Variablen herstellen.[24] Zum Einsatz kommen hier verschiedene Methoden, wie z. B. die lineare Regression oder das Entscheidungsbaumverfahren.[25]

---

[18] Vgl. Paaß/Hecker (2020), S. 2
[19] Vgl. Kreutzer/Sirrenberg (2019), S. 6
[20] Microsoft (2020)
[21] Vgl. Microsoft (2020)
[22] Vgl. Welsch et al. (2018), S. 371
[23] Vgl. Welsch et al. (2018), S. 371
[24] Vgl. Kreutzer/Sirrenberg (2019), S. 7
[25] Vgl. Kreutzer/Sirrenberg (2019), S. 7

9

Beim **unüberwachten Lernen** hingegen wird kein Ausgabewert vorgegeben. Das System soll selbst in der Lage sein, Muster und Zusammenhänge in den Datensätzen zu finden und diese angemessen zu interpretieren.[26] Arten für unüberwachtes Lernen wären z. B. Clustering oder Assoziationen.[27]

Beim **verstärkten Lernen** erlernt die Maschine eine eigenständige Strategie durch Ausprobieren verschiedener Lösungswege. Für das Vorankommen erhält die Maschine für eine gute Lösungsidee eine Belohnung, für eine schlechte Idee eine Bestrafung.[28] Der Algorithmus trifft seine Entscheidung und handelt dementsprechend. Häufig trifft man auf das verstärkte Lernen, wenn wenige Trainingsdaten vorliegen aber auch, wenn das ideale Ergebnis unklar definierbar ist.[29]

2.2.2 Tiefes Lernen

Wie beim Maschinellen Lernen nutzt auch das Tiefe Lernen Algorithmen, um Daten zu analysieren und aus den abgeleiteten Analysen zu lernen.[30] Jedoch benötigt das Tiefe Lernen beim Lernvorgang keinen Eingriff durch den Menschen, sondern es ist in der Lage von sich selbst zu lernen.[31] Das Tiefe Lernen soll die Funktion des menschlichen Gehirns mit Hilfe von künstlichen neuronalen Netzwerkstrukturen nachahmen.[32] So kann das Erlernte immer wieder mit neuen Inhalten verknüpft werden. Die Dateneingabe durch den Menschen fällt wesentlich geringer aus als beim Maschinellen Lernen und auch die menschlichen Vorgaben von Regeln werden nicht benötigt.[33] Deep Learning liefert oft genauere Ergebnisse als herkömmliche maschinelle Lernansätze.[34]

Die Unterschiede der beiden Verfahren werden in der folgenden Tabelle nochmals übersichtlich gegenübergestellt.

---

[26] Vgl. Welsch et al. (2018), S. 371
[27] Vgl. Kreutzer/Sirrenberg (2019), S. 7
[28] Vgl. Kreutzer/Sirrenberg (2019), S. 8
[29] Vgl. Kreutzer/Sirrenberg (2019), S. 8
[30] Vgl. Mockenhaupt (2021), S. 154
[31] Vgl. Mockenhaupt (2021), S. 154
[32] Vgl. Mockenhaupt (2021), S. 154
[33] Vgl. Mockenhaupt (2021), S. 154
[34] Vgl. Kreutzer/Sirrenberg (2019), S. 8

Maschinelles Lernen	Tiefes Lernen
Eingriff durch Mensch notwendig	Mensch greift nicht ein, Ausnahme: Dateneingabe
keine eigenständige Verbesserung	autonome Verbesserung
Algorithmen vom Menschen erstellt, keine Optimierung	Algorithmen optimieren sich selbst
Dateneingabe durch Menschen fällt größer aus	Dateneingabe durch Mensch fällt geringer aus

Abbildung 1:   Maschinelles Lernen vs. Tiefes Lernen

(Eigene Darstellung)

Dabei liegen die wesentlichen Unterscheidungsmerkmale vor allem beim Einbezug eines menschlichen Wesens, welches beim Maschinellen Lernen durchaus erforderlich ist. Beim tiefen Lernen ist kein Eingriff bzw. ein geringer Eingriff nötig um nachfolgend ohne weitere Unterstützung tätig zu werden.

2.3 Interdependenzen der Künstlichen Intelligenz

Der nachfolgende Abschnitt soll aufzeigen, welche Wechselbeziehungen zwischen der KI und den drei Themenbereiche Gesellschaft, Wirtschaft und Ethik bestehen. Unabhängig der Bereiche betrifft KI jedes Individuum auf unterschiedlicher Ebene, sei es im privaten Umfeld oder im Unternehmensalltag.

2.3.1 Künstliche Intelligenz und Gesellschaft

KI ist aus der Gesellschaft nicht mehr wegzudenken und fest im Alltag etabliert. Die alltäglichsten Dinge beinhalten bereits KI und wird als selbstverständlich angesehen, wie z. B. die Gesichtserkennung des Handys, Chatbots, Alexa, Google Assistant oder Netflix. Der Einsatz von KI ist vielversprechend für die Lebenswelt des Menschen, birgt aber zugleich ein tiefgreifendes Veränderungspotential und Risiken. Trotz gewisser Herausforderungen und Risiken überwiegen die Chancen der KI-Nutzung, vorausgesetzt, dass Risiken durch Lernen rasch beherrscht und neue Potentiale genutzt werden.[35] Zukünftig könnte KI für eine frühzeitige und präventive Erkennung von Konflikten, Krankheiten oder Kriminalität eingesetzt werden,[36] um Krisen damit abzuwenden und für eine robuste Gesellschaft zu sorgen.

Nach Wittpahl charakterisieren genau drei Muster die gesellschaftliche Beziehung zwischen Menschen und KI, welche als aufeinander aufbauend beschrieben werden.[37]

---

[35] Vgl. Hebling (2015), S.1
[36] Vgl. Hebling (2015), S. 1 f.
[37] Vgl. Wittpahl (2019), S. 217 ff.

Das erste Muster stellt KI als fest integrierten Teil der Gesellschaft dar und wird nicht separat und unabhängig voneinander betrachtet. Vielmehr ist KI ein nicht vorher getestetes Realexperiment, welches in die Gesellschaft mit eingebracht und genutzt wird. Vielmehr ergibt sich der Sinn und Zweck von KI durch die Nutzung. Somit ist die KI fester Bestandteil des Alltags und wirkt sich unmittelbar auf die Lebensumstände, wie z. B. auf die Arbeit oder Kommunikation, aus.

Das aufbauende zweite Muster sieht KI als große Herausforderung für die Gesellschaft. Durch den festen Bestandteil der Gesellschaft kann KI diese verändern, und zwar im Guten, wie auch im Schlechten.

Das dritte und letzte Muster richtet sich auf die ethische Grundhaltung und Probleme der Gesellschaft. KI ist ein fester Bestandteil der Gesellschaft und wird als Herausforderung gesehen. Das wirft Fragen über die Sinnhaftigkeit und Nutzung auf, die oftmals nicht klar beantwortet werden können. Beispielhafte Fragen wären: Wie viel KI ist genug? In welchem Maße sollten KI-Anwendungen Verantwortung übernehmen können?

KI-Anwendungen müssen in der Gesellschaft Akzeptanz finden, in dem das Verhalten und die Entscheidungsprozesse transparent gemacht werden. Eine repräsentative Umfrage von Bitkom ergab, dass 2017 48 % der Befragten in der KI eine Chance sehen, Ende November 2018 stieg der Anteil auf bereits 62 % an. Hingegen nahmen die Gefahren, welche die Beteiligten gegenüber der KI sahen, ab. Im selben Zeitraum sank der Anteil von anfänglich 47 % auf 35 %.[38]

2.3.2 Künstliche Intelligenz und Wirtschaft

Die Anzahl der Unternehmen, bei denen KI schon heute eine tragende Rolle spielt, ist gemäß einer Recherche noch sehr gering.[39] Demnach nutzen in Deutschland nur 114 Unternehmen KI aktiv im Unternehmensalltag, wobei allein schon im Süden (zwei Bundesländer: Bayern und Baden-Württemberg) ein Drittel der Unternehmen (44) ansässig sind. Zu den Branchen zählen die Agrarwirtschaft, Bau und Infrastruktur, Bildung, Energie und Umwelt, Finanzen, Versicherungen und Immobilien, Gesundheit und Pharma, Handel, Information und Kommunikation, Mobilität und Logistik, sonstige Dienstleistungen, Verwaltung und Sicherheit und verarbeitendes Gewerbe. Dabei ist das verarbeitende Gewerbe die führende Branche, wenn es um KI-Nutzung geht. Hauptsächlich

---

[38] Vgl. Deutscher Bundestag (2019)
[39] Vgl. Lernende Systeme

werden hierbei die beiden KI-Technologiefelder Datenmanagement und -analyse sowie Sensorik und Kommunikation in Anspruch genommen.

Den Anwendern gegenüber stehen 287 KI-Anbieter, demnach bedeutet dies, dass auf dem Markt mehr Angebote existieren als Nachfragen. Des Weiteren sind aktuell 168 KI-Entwicklungsprojekte aktiv, welches erahnen lässt, dass die KI in unserer Wirtschaft in den kommenden Jahren rasant wachsen wird.

Eine Studie im Auftrag des Bundesministeriums für Wirtschaft und Energie (**BMWi**) prognostiziert für die kommenden fünf Jahre (Stand Juli 2018) eine Erhöhung der Bruttowertschöpfung, vor allem im produzierenden Gewerbe, von rund 32 Milliarden Euro.[40] Auch weitere Studien deuten auf ähnliche Potentiale für viele Branchen darauf hin.[41] Laut dem Branchenverband der deutschen Informations- und Telekommunikationsbranche bitkom e. V. plant, Stand April 2021, jedes vierte Unternehmen KI-Investitionen, was die Aussage treffen lässt, dass KI zu einer der wichtigsten Zukunftstechnologien heranwachsen wird.[42] Eine repräsentative Umfrage ergab, dass 62 Prozent der befragten Unternehmen (n = 603) KI als Chance für das eigene Unternehmen betrachten. Das sind 7 Prozent Zuwachs zum Vorjahr. Dementsprechend sind die betrachteten Risiken von 28 auf 23 Prozent zurückgegangen. Der Anteil derer, die KI neutral gegenüberstanden, sank in diesem Jahr um 12 Punkte auf 59 Prozent. International betrachtet liegen aktuell die USA vor Deutschland und China.[43]

Der Einsatz von KI in der Arbeitswelt wird kontrovers diskutiert. Für Unternehmen ist es eine große Herausforderung, neben dem Tagesgeschäft erfolgreich KI-Anwendungen in den Alltag zu integrieren. Dies erfordert ein gewisses Maß an Investitionen, Personal zur Implementierung und Zeit für die Betreuung der KI.[44] Dazu fehlt es in vielen Unternehmen an notwendigen Daten für den Einsatz von KI oder sind verunsichert aufgrund rechtlicher Unklarheiten. KI ist aus Unternehmersicht ein aktuell sehr gewagtes Risiko, welches viele scheuen.

Auf der anderen Seite bietet die aktive Nutzung von KI im Unternehmen eine breite Palette von Vorteilen. So können im Unternehmen z. B. Prozesse optimiert werden, schnellere und präzisere Problemanalysen erfolgen oder der Ressourcenverbrauch reduziert werden.[45] Mit Blick auf die Zukunft gerichtet, sollte das Thema KI aktuell auf jeder Unternehmensagenda vorhanden sein, um auf lange Sicht davon profitieren zu können.

---

[40] Vgl. BMWi (2018)
[41] Vgl. BMWi (2018)
[42] Vgl. bitkom (2021)
[43] Vgl. bitkom (2021)
[44] Vgl. bitkom (2021)
[45] Vgl. bitkom (2021)

Es wird einerseits davon ausgegangen, dass durch den Einsatz von KI eine Vielzahl von Arbeitsplätzen übernommen werden können und deshalb Mitarbeiter nicht weiter benötigt werden. Andererseits kann der Einsatz die Arbeitsqualität verbessern und dem Mitarbeiter aktiv in Prozessen behilflich sein. Hauptsächlich auf Routine beruhende Arbeiten können von KI-Systemen übernommen werden, somit lassen sich Prozesse effizienter gestalten und das Leistungsvermögen der Mitarbeiter kann dadurch erweitert werden.[46]

Eine weitere Befürchtung durch den technologischen Fortschritt und der Digitalisierung wäre, dass die Polarisierungsthese vorangetrieben wird.[47] Die zugrunde liegende Überlegung dabei ist, dass Routinetätigkeiten, die hauptsächlich den Kern mittelqualifizierter Arbeitsplätze ausmachen, von KI-Systemen übernommen werden. Demzufolge ist eine unterdurchschnittliche oder negative Beschäftigungsentwicklung auf der mittleren Qualifikationsebene zu erwarten, während der Bereich in der niedrig- und hochqualifizierten Ebene ansteigt. Problematisch dabei ist, dass sich gerade in Deutschland viele Arbeitsplätze im mittleren Qualifikationsbereich befinden.[48] Demnach wird die mittlere Qualifikationsebene mit dem Abschluss einer Ausbildung erreicht. Dennoch impliziert die Polarisierungsthese nicht zwangsläufig Arbeitsplatzverluste, denn Arbeitnehmer könnten dann in anderen Berufsfeldern beschäftigt werden.[49]

2.3.3 Künstliche Intelligenz und Ethik

Aufgrund des schnellen Fortschritts im Bereich KI kam begleitend auch der Begriff Ethik häufiger vor. Ursache dafür ist, dass sich KI-Anwendungen mittlerweile im Alltag- und Arbeitsleben fest etabliert haben und nicht mehr wegzudenken sind. Vor allem wenn sich die jetzige Schwache KI, bei dem der Mensch eine tragende Rolle spielt, zu einer starken KI, ohne Eingriff durch den Menschen, entwickelt, werden ethische Herausforderungen deutlich.[50] Die große Herausforderung ist, die ethischen Grenzen des Fortschritts zu definieren.

Durch die autonome Entscheidungsfreiheit der Maschinen, welche ohne die Beeinflussung von Menschen getroffen werden, ergeben sich Fragen, wie z. B. in welchem Maße Maschinen Entscheidungen treffen sollten, welche Konsequenzen sich daraus ergeben

---

[46] Vgl. Daugherty/Wilson (2018)
[47] Vgl. Helmrich et al. (2016), S. 10
[48] Vgl. Helmrich et al. (2016), S. 10
[49] Vgl. Wittpahl (2019), S. 224
[50] Vgl. Wittpahl (2019), S. 239

oder wer für entstandene Schäden haftet. Bei Schäden geht es nicht nur um Sach-, sondern auch um Personenschäden.

Grundsätzlich verfolgt die neuartige Technologie das Ziel das Gemeinwohl zu fördern und keine technische sowie wirtschaftliche Zwänge entstehen lassen, ethische Normen des Zusammenlebens zu verletzen, sowie positive Entwicklungen einzuschränken.[51] Kritisch wird es dann, wenn KI-Anwendungen beginnen den Menschen hinsichtlich ihres Wissens und ihren Handlungen zu diskriminieren[52], sich durch ihre Eigenständigkeit nicht mehr lenken oder beeinflussen lassen oder für kriminelle Interessen zweckentfremdet werden.[53]

Rekapitulierend zu den jeweiligen Interdependenzen von KI mit der Gesellschaft, der Wirtschaft und der Ethik kann festgehalten werden, dass die KI ein wachsender Platz künftig einnehmen wird und aus unterschiedlichen Standpunkten betrachtet werden muss. Einerseits entstehen Risiken, wie beispielsweise Arbeitsplatzverlust oder unkontrollierbare Systeme, welche eventuell auch Schäden verursachen könnten. Anderseits ergeben sich auch Chancen, wie beispielsweise die Steigerung der Arbeitsqualität und Anwendungsmöglichkeiten in der Medizin.

2.4 Forschungsfragen

Aus dem vorangegangenen theoretischen Teil ergibt sich die folgende Forschungsfrage:

F: Welche Chancen und Risiken ergeben sich hinsichtlich der Nutzung von KI?

Weiterführend werden die drei untergeordnete Teilforschungsfragen formuliert:

TF1: Welche ethischen Herausforderungen verursacht KI?

TF2: Welche Maßnahmen sollten bei der Einführung von KI abgeleitet werden?

---

[51] Vgl. Heesen (2021), S. 49
[52] Vgl. Heesen (2021), S. 49
[53] Vgl. Kleinberg et al. (2017)

3. Methodischer Teil

3.1 Vorgehensweise

Die abgeleiteten Forschungs- und Teilforschungsfragen sollen mit Hilfe des Diskussionspapiers „Künstliche Intelligenz: Chancen und Risiken" der Stiftung für Effektiven Altruismus (EAS), eine unabhängige Organisation im Schnittbereich von Ethik und Wissenschaft, analysiert und beantwortet werden.[54] Dieses Diskussionspapier beleuchtet die Vor- und Nachteile von KI's und knüpft dabei an ethische Herausforderungen bei der Entwicklung und Anwendung an. Durch das Voranschreiten der KI-Nutzung werden neben den Vor- und Nachteilen auch die Auswirkungen auf die Wirtschaft und die potenziellen Konsequenzen auf den Arbeitsmarkt aufgezeigt. Es wird auch darüber diskutiert, inwiefern die Schaffung einer Superintelligenz Einfluss auf die Gesellschaft haben könnte und welche Risiken zu erwarten wären. Die Autoren offenbaren letztes Endes Maßnahmen, welche zu treffen sind, um einer negativen Entwicklung entgegenzuwirken und positive Auswirkungen zu fördern.

Durch eine qualitativ inhaltlich strukturierte Inhaltsanalyse soll das Diskussionspapier analysiert werden. Textpassagen werden sogenannten Kategorien zugeordnet, wodurch sich komplexe Sachverhalte vereinfacht darstellen lassen. Der Ablauf einer inhaltlich strukturierten Inhaltsanalyse erfolgt in den sieben Phasen nach Kuckartz.[55] Die folgenden Zitationen beziehen sich auf die Ausführungen von Kuckartz, falls nicht anders angegeben.

3.2 Erste Phase

Die erste Phase der inhaltlich strukturierten Inhaltsanalyse beginnt mit dem aufmerksamen Lesen des Materials. Dabei werden wichtige Textstellen markiert. Des Weiteren werden in dieser Phase Anmerkungen von Besonderheiten am Textrand festgehalten. Die Phase endet mit einer prägnanten Fallzusammenfassung.

---

[54] Vgl. Mannino et al. (2015)
[55] Vgl. Kuckartz (2014), S. 79 ff.

3.3 Zweite Phase

Nun folgt in der zweiten Phase die Erschließung thematischer Hauptkategorien. Die Textinhalte werden als Auswertungskategorien verwendet. Dabei können die Hauptkategorien zum Großteil aus den erstellten Forschungsfragen abgeleitet werden. Empfohlen wird an dieser Stelle die Prüfung der ausgewählten Kategorien auf die Anwendbarkeit. Dafür ist ein Bruchteil des Textmaterials ausreichend (10 bis 25 % des gesamten Textmaterials).

In Bezug auf das Diskussionspapier und den Forschungsfragen lassen sich vier wesentliche Hauptkategorien deduktiv ableiten: Chancen von KI, Risiken von KI, ethische Herausforderungen und wichtige Maßnahmen bei der Einführung. Falls weiter nötig können die Kategorien induktiv am Material weiterentwickelt werden.

3.4 Dritte Phase

Bei diesem Schritt wird das gesamte Material Zeile für Zeile durchgearbeitet und jeweils den festgelegten Kategorien zugeordnet (sog. Codierung). Dabei werden aber nur die relevanten Textteile codiert und die irrelevanten Teile bleiben uncodiert. Die codierten Textpassagen können einer oder auch mehreren Kategorien zugeordnet werden. Das Kategoriensystem sollte gemäß Kuckartz nicht zu detailreich sein, sowie in Zusammenhang zu den festgelegten Forschungsfragen und -zielen stehen. Hinsichtlich der Kategorien empfiehlt es sich eine präzise Beschreibung zu wählen. Bei den Codiereinheiten ist zu beachten, dass immer mindestens ein aussagekräftiger Satz gebildet wird. Auch ohne einen konkreten Kontext sollte die Cordierungseinheit verständlich sein.

Die in der zweiten Phase gebildeten vier Hauptkategorien (Chancen von KI, Risiken von KI, ethische Herausforderungen und wichtige Maßnahmen bei der Einführung) umfassen nun die folgenden Kategorien: Chancen von KI beinhalten alle Vorteile und Potentiale von KI, während die Risiken die Nachteile und Gefahren von KI aufzeigen. Die ethischen Herausforderungen umschließen alle Probleme, welche Bezug auf die ethischen Gesichtspunkte einnehmen. Schlussendlich beinhaltet die letzte Hauptkategorie Maßnahmen, welche bei der Einführung und Anwendung KI ergriffen werden sollten.

3.5 Vierte Phase

Die vierte Phase inkludiert eine Zusammenstellung der codierten Textpassagen mit der gleichen Hauptkategorie. Mit Bezug auf das Diskussionspapier bedeutet das, dass zum

Beispiel alle codierten Textstellen der Hauptkategorie Chancen von KI zunächst zusammengeführt werden. Auf dieser Basis kann die weitere Bearbeitung in den Folgephasen gewährleistet werden.

3.6 Fünfte Phase

Aufbauend auf die vorherige Phase erfolgt hier die Ausdifferenzierung der aktuell noch allgemeinen Hauptkategorien. Alle Textpassagen einer jeweiligen Kategorie werden geordnet, systematisiert und die bedeutsamen Dimensionen identifiziert. Anknüpfend findet die Definition der Subkategorien statt, welche durch charakteristische Beispiele illustriert werden.

3.7 Sechste Phase

Die sechste Phase beginnt mit dem zweiten Codierprozess, d. h. der erneuten vollständigen Bearbeitung des Textmaterials. Dabei werden die mit der Hauptkategorie codierten Passagen nun mit den entsprechenden Subkategorien codiert. An dieser Stelle können, falls nötig, Subkategorien präzisiert, erweitert oder auch zusammengefasst werden. Das ausgearbeitete Kategoriensystem des Diskussionspapiers ist dem Anhang zu entnehmen. Die vier Hauptkategorien bleiben unverändert bestehen. Des Weiteren werden dort die gebildeten Subkategorien vorgestellt mit den jeweiligen Definitionen und Beispielen aus dem Papier.

3.8 Siebte Phase

Die abschließende siebte Phase kann mit einem Übergang begonnen werden, bei dem thematische Fallzusammenfassungen erfasst werden. Dies eignet sich besonders, wenn das vorliegende Textmaterial sehr umfangreich oder wichtige Textstellen im Material verstreut sind. Die Erstellung einer Textmatrix mit den thematischen Summarys ist dafür hilfreich.

Letzten Endes dient die siebte Phase zur kategorisierten Auswertung und Ergebnisdarstellung. Für diesen Schritt gibt es sieben unterschiedliche Vorgehensweisen, wobei für diese Arbeit nur die erste Auswertungsform Anwendung findet. Bei dieser Form der Auswertung werden die Ergebnisse für alle Hauptkategorien berichtet. Es ist darauf zu achten, dass eine sinnvolle Reihenfolge der Themen festgelegt wird und die Reihenfolge auch für jeden nachvollziehbar ist.

In den nachfolgenden drei Unterpunkten wird nun expliziert auf das Diskussionspapier von Mannino et al. eingegangen.

4. Auswertung anhand des Diskussionspapiers

4.1 Chancen durch die Nutzung KI

Betrachtet wird in diesem Unterpunkt die erste Hauptkategorie, welche zugleich die Antwort auf den ersten Teil der Forschungsfrage „Welche Chancen und Risiken ergeben sich hinsichtlich der Nutzung von KI?" gibt. Die Risiken folgen im Unterpunkt 3.1.7.2. Ein Vorteil durch die Nutzung von KI äußert sich in der ersten Subkategorie „Lebensstandard". Diese Kategorie betrifft jedes menschliche Lebewesen und ist daher äußerst relevant. Durch den vermehrten technologischen Fortschritt erfolgt eine Produktivitätssteigerung innerhalb der Gesellschaft, was zu einem erhöhten Lebensstandard führt.[56] Die fortschreitende maschinelle Übernahme von Arbeit gewährt Menschen mehr Raum für ihre Freizeit und Selbstverwirklichung[57] und steigert somit den Lebensstandard im statistischen Durchschnitt.[58] Bereits heute profitieren Menschen von solch positiven Beeinflussungen, z. B. durch Smartphones, im Flugverkehr oder durch Internetsuchmaschinen.

Ein weiterer Vorteil von KI stellt die nächste Subkategorie „Selbstfahrende Autos" dar. Mittlerweile ist nachgewiesen, dass selbststeuernde Autos nicht nur wesentlich sicherer sind als die von Menschen gesteuerte Fahrzeuge, sie nehmen auch unmittelbar Einfluss auf eine geringere Anzahl der Unfälle im Straßenverkehr.[59] Durch die KI-Nutzung können wahrhaftig zahlreiche Menschenleben gerettet werden, welche meist durch menschliches Versagen entstehen. Neben der Sicherheit haben selbstfahrende Autos einen weiteren positiven Effekt, nämlich die zusätzliche Zeit, welche für die Arbeit oder zur Entspannung genutzt werden kann und somit den Menschen entlasten.[60]

Auch bei der nächsten Subkategorie „Medizin" sind KI-Systeme den menschlichen Wesen deutlich überlegen und von Vorteil. Bei medizinischen Behandlungen oder auch bei der Erstellung neuartiger Therapien werden seitens KI-Anwendungen weniger Fehler

---

[56] Vgl. Mannino et al. (2015), S. 6
[57] Vgl. Mannino et al. (2015), S. 6
[58] Vgl. Mannino et al. (2015), S. 2
[59] Vgl. Mannino et al. (2015), S. 4
[60] Vgl. Mannino et al. (2015), S. 4

produziert als von Menschen. Heutzutage versterben Menschen auch aufgrund von Behandlungsfehlern des Arztes.[61] „Doktor Watson" wird im Diskussionspapier als Beispiel aufgegriffen und ist eine KI-Anwendung, welche von Krankenhäusern gemietet werden kann, um z. B. Krebsdiagnosen zu tätigen. Die Anwendung kann innerhalb kürzester Zeit viele Informationen aufnehmen und kombinieren, wodurch sie dem Menschen teilweise überlegen ist. Hier steht auch das Menschenleben im Mittelpunkt, welches durch richtige Behandlungen und Entscheidungen gerettet werden kann.

KI bietet weiterhin Chancen in der Kategorie „Arbeit und Bildung". KI ermöglicht es immer mehr menschliche Arbeit zu übernehmen, unabhängig von der Komplexität und des Intelligenzgrades.[62] Aus Unternehmersicht würden sich durch die Maschinen schnellere, zuverlässigere und billigere Arbeitskräfte ergeben. Betrachtet man den Bereich Bildung, würde sich die Gamifizierung von Lerninhalten als große Chance bieten.[63] Somit würde sich das Lernen einfacher und spielender gestalten und den Menschen die Möglichkeit bieten, Lerninhalte besser zu verstehen und zu verinnerlichen.

Schlussendlich folgen in der letzten Kategorie „Sonstige" alle weitere Chancen, welche durch die Nutzung von KI entstehen. Vorteilhaft wäre, dass sich durch die KI-Nutzung keine kognitiven Verzerrungen ergeben würden und somit z. B. im Falle einer Urteilsfindung kompetenter sind als das menschliche Pendant.[64] Des Weiteren könnte eine vertrauensbasierte Verwendung der Prognosen zu einer „Rationalitätssteigerung bei vielen gesellschaftlichen und politischen Herausforderungen führen".[65] Zudem bietet KI gegenüber dem Menschen den Vorteil, dass die Neuronen im biologischen Gehirn langsamer feuern als die der KI. Somit können KI-Anwendungen Signale viel schneller übertragen und große Daten- und Informationsmengen leichter editieren oder vervielfachen.[66] Letzten Endes könnten durch die Nutzung von KI zahlreiche Probleme der Menschheit gelöst werden, z. B. bei der Bewältigung von künftigen „wissenschaftlichen, ethischen, ökologischen und ökonomischen Herausforderungen".[67]

---

[61] Vgl. Mannino et al. (2015), S. 4
[62] Vgl. Mannino et al. (2015), S. 1
[63] Vgl. Mannino et al. (2015), S. 6
[64] Vgl. Mannino et al. (2015), S. 5
[65] Vgl. Mannino et al. (2015), S. 5
[66] Vgl. Mannino et al. (2015), S. 7
[67] Vgl. Mannino et al. (2015), S. 9

4.2 Risiken durch die Nutzung KI

Neben den bereits aufgezeigten Vorteilen und Chancen ergeben sich durch die Nutzung von KI auch Risiken und Gefahren, auf die in diesem Punkt näher eingegangen werden. Die zweite Hauptkategorie „Risiken von KI" beantwortet gleichzeitig den zweiten Part der Forschungsfrage „Welche Chancen und Risiken ergeben sich hinsichtlich der Nutzung von KI?"

Die Nutzung von KI birgt das Risiko der ersten Subkategorie „Existenz". Denkbar wäre, dass Maschinen bezüglich ihrer Intelligenz in ferner Zukunft der Intelligenz des Menschen in allen Bereichen überlegen wären. Durch eine offene Zieldefinition der KI´s würde dies künftig maßgeblich die ganze Welt beeinflussen, was u A. auch die menschliche Existenz gefährden würde.[68] Ein verehrendes Szenario würde sich ergeben, ferner die Superintelligenz andere Ziele und Präferenzen, als die Menschheit verfolgen würde. Damit würde mehr Leid verursacht werden als ohne KI.[69] Superintelligenzen könnten unentdeckte Sicherheitslücken, z. B. in Sicherheitssystemen von Banken oder Waffenarsenalen ausfindig machen, um somit die Menschheit zu erpressen oder sie zu Kooperationen zu drängen.[70] Dramatisch wäre, wenn es misslingen würde, Superintelligenzen mit ethischen Zielen zu programmieren. Möglicherweise gebe es hierfür nur eine einzige Chance.[71]

Ein zweites Risiko zeigt sich in der nächsten Subkategorie „Fehlschlagen und Missbrauch". KI-Anwendungen können unvorhergesehen fehlschlagen oder missbraucht werden. Das geschieht insbesondere beim Agieren mehrerer Algorithmen mit hoher Geschwindigkeit. Es besteht somit eine stetige Möglichkeit, dass durch KI-Anwendungen ganze Systeme ins Chaos stürzen, sog. Black-Swan-Ereignis.[72] Ein solches Ereignis ereignete sich bereits 2010 an der Börse in den USA. Durch die unvorhergesehene Art und Weise der Interaktion von KI-Systemen mit dem Finanzmarkt verloren Aktien mehr als 90 Prozent ihres Wertes innerhalb kürzester Zeit und schnellten dann wieder auf den Ursprungswert zurück.

Der nächste Risikofaktor und gleichzeitig die dritte Subkategorie ist die „Arbeitslosigkeit". Die Automatisierung führe in naher Zukunft zu einer höheren Arbeitslosenquote. Zudem müsste man neben der steigenden Arbeitslosigkeit mit großflächigen Lohnsenkungen,

---

[68] Vgl. Mannino et al. (2015), S. 2
[69] Vgl. Mannino et al. (2015), S. 9
[70] Vgl. Mannino et al. (2015), S. 9
[71] Vgl. Mannino et al. (2015), S. 9
[72] Vgl. Mannino et al. (2015), S. 3

sowie der weiteren Öffnung der Einkommensschere rechnen.[73] Das Lohnniveau würde dabei für viele unter das Existenzminimum sinken und die soziale Ungleichheit gleichzeitig steigen. Beschäftigungen, welche hohe soziale Intelligenz, Kreativität, Feingefühl oder aber Flexibilität bei Bewegungen als Anforderung mit sich bringen, sind wahrscheinlich eher weniger davon betroffen.

Die letzte Subkategorie stellt die „Sucht" dar. Durch verbesserte Neuerungen in der Unterhaltungsindustrie erhöht sich auch der Suchtfaktor von z. B. Videospielen oder Internetnutzung. Jedoch ist an dieser Stelle zu erwähnen, dass Auswirkungen, sei es hinsichtlich sozialer oder psychologischer, zum jetzigen Zeitpunkt noch nicht ausreichend erforscht sind.[74] Dennoch würde sich das Sozialverhalten, die Aufmerksamkeitsspanne und die Art wie Kinder künftig aufwachsen einschneidend verändern. Es bestände ein Risiko, dass sich vor allem der Anteil der Jugendlichen mit exzessivem Videospiel- und Internetkonsum erhöhen könnte, die es schwierig hätten eine Ausbildung zu beenden.[75]

4.3 Ethische Herausforderungen

Zur Beantwortung der ersten Teilforschungsfrage „Welche ethischen Herausforderungen verursacht KI?" wird an dieser Stelle expliziert auf die ethischen Herausforderungen des Diskussionspapiers eingegangen. Dabei wird auf das bereits erstellte Kategoriensystem zurückgegriffen und die einzelnen Subkategorien aufgegriffen.

Für die erste Subkategorie „Übernahme von Aufgaben und deren daraus resultierenden Verantwortungen" wird im Diskussionspapier ein konkretes Beispiel angeführt: das selbstfahrende Auto. Man stelle sich einen unausweichlichen Unfall vor, bei der die KI die Entscheidung über den Ausgang treffen solle. Der Algorithmus entscheidet also, ob das Überleben der Autoinsassen von höchster Priorität ist oder ob die generelle Opferzahl insgesamt so gering wie möglich zu halten ist.[76] Vor allem auch, inwiefern ausgeschlossen werden kann, dass ein solches System nicht versagt. Des Weiteren resultieren neue ethische Herausforderungen, sobald KI´s Arbeiten mit kognitiven Fähigkeiten übernehmen. Aufgegriffen wird folgendes Beispiel: Die KI-Anwendung, welche die Kreditwürdigkeit von Bankkunden beurteilt und dabei, ohne vorab eine Programmierung

---

[73] Vgl. Mannino et al. (2015), S. 5
[74] Vgl. Mannino et al. (2015), S. 6
[75] Vgl. Mannino et al. (2015), S. 6
[76] Vgl. Mannino et al. (2015), S. 4

vorgenommen zu haben, bestimmte Bevölkerungsgruppen gegenüber diskriminierende Entscheidungen trifft.[77]

Die nächste Subkategorie „Selbstbewusstseinsentwicklung" bezieht sich auf das (Selbst-)Bewusstsein, welches Algorithmen entwickeln könnten. Durch diese phänomenalen Zustände würden KI-Systeme subjektive Präferenzen entwickeln. Dabei nicht auszuschließen ist die Frage, ob bei Ihrer Arbeitstätigkeit Leid empfunden wird. Demnach müssten ähnliche Sicherheitsvorkehrungen wie bei Menschen und Tieren getroffen werden.[78] Unter diesen Umständen ist es äußerst bedenklich, KI´s als Arbeitskräfte auszubeuten und ihnen gezielt gefährliche Tätigkeiten aufzutragen oder für Studien zur Erforschung von Depressionen zu missbrauchen.

Die letzte Kategorie „Ethische Prinzipien bei der Konstruktion" schlägt Grundlagen für die Konstruktion von KI-Systemen vor, welche bereits bei der Konstruktion bedacht werden sollten. Diese Grundlagen bestehen aus vier Prinzipien. Zum einen sollten KI´s nachvollziehbar sein (1), vorhersehbar (2), sich nicht einfach manipulieren lassen (3) und die Verantwortlichkeit klar definiert sein (4).[79]

4.4 Wichtige Maßnahmen bei der Einführung von KI

Die letzte Subkategorie „Wichtige Maßnahmen bei der Einführung" liefert Antworten auf die verbliebene und abschließende Teilforschungsfrage „Welche Maßnahmen sollten abgeleitet werden bei der Einführung von KI?"

Begonnen wird mit der Subkategorie „Gesellschaft". Es wird vorgeschlagen, gewisse Tätigkeiten, welche von Menschen ausgeführt werden, zu subventionieren.[80] Bildungsinhalte müssten sich an den ändernden Fortschritt anpassen, sodass sich die Menschen auf die kommende Herausforderung vorbereiten können. Dabei rückt der Fokus vermehrt auf EDV- und Programmierkenntnisse, während auswendig gelerntes Wissen an Wertigkeit verliert.[81] Wichtige Mitwirkende von KI sollen in der Gesellschaft für Aufklärung sorgen, damit auch Informationen zu assoziierten Risiken einfach zugänglich gemacht werden.[82]

Die Subkategorie „Politik" beinhaltet Maßnahmen, welche von der Politik aus getroffen werden sollten. Um Vorurteile gegenüber der KI abzubauen und sich auf

---

[77] Vgl. Mannino et al. (2015), S. 4
[78] Vgl. Mannino et al. (2015), S. 10
[79] Vgl. Mannino et al. (2015), S. 4
[80] Vgl. Mannino et al. (2015), S. 6
[81] Vgl. Mannino et al. (2015), S. 7
[82] Vgl. Mannino et al. (2015), S. 9

Sicherheitsthemen zu fokussieren, wäre ein sachlich-rationaler Diskurs zum Thema KI relevant.[83] Gesetzliche Grundbedingungen müssten verändert werden. Hersteller von KI sind von der Politik zu verpflichten, mehr in Sicherheit und Verlässlichkeit zu investieren und dabei die Prinzipien bei der Umsetzung beachten, um das Risiko unerwarteter Ereignisse zu minimieren.[84] Die Politik sollte außerdem mehr Fördergelder ausschütten, um sicherheitsfördernde Maßnahmen, sowie wissenschaftlich-ethische Forschung bereitzustellen.[85] Des Weiteren wäre es sinnvoll, Fachtagungen abzuhalten und Expertenkommissionen zu bilden, um potenzielle Szenarien kritisch zu diskutieren. Um ein „Race to the Bottom" zu vermeiden, sollte eine internationale Kooperation angestrebt werden.[86] Dadurch kann verhindert werden, dass die Sicherheit der KI aufgrund des international schnelleren Fortschritts und der Kostensenkungen leidet. Eine weitere wichtige Maßnahme bei steigender sozialer Ungleichheit und sinkendem Lohnniveau wäre die Einführung eines bedingungslosen Grundeinkommens sowie der negativen Einkommenssteuer.[87] Somit wäre der Vorteil des technologischen Fortschritts auf die Gesamtbevölkerung verteilt.

Die abschließende Subkategorie „Forschung" zeigt Maßnahmen aus diesem Bereich auf. Wie schon bei den politischen Maßnahmen erwähnt, soll auch seitens der Forschung die internationale Forschungskollaboration verstärkt werden, um das Risiko des Wettrüstens zu minimieren und KI-Forschung in Länder mit starken Sicherheitsstandards zu übertragen.[88] Für Forschungsprojekte sollten prüfende Ethikkommissionen eingerichtet werden, die gehirnanaloge KI-Architekturen testen oder auch entwickeln, welche höchstwahrscheinlich über Leidensfähigkeit besitzen.[89] Grundsätzlich sollten die Vorteile stets überwiegen. Bei der Vergabe von Forschungsgeldern sollten die sicherheitsrelevanten Aspekte, sowie die Vorkehrungen geprüft werden. Das Wissen über welche KI-Anwendungen Bewusstsein und Leidensfähigkeit verfügen muss vergrößert werden, da aktuell in diesem Bereich noch bedeutsame Lücken vorzufinden sind.[90] Dabei ist zu beachten, dass die Erschaffung leidensfähiger Wesen zu vermeiden ist oder weitestgehend hinausgezögert wird.

---

[83] Vgl. Mannino et al. (2015), S. 12
[84] Vgl. Mannino et al. (2015), S. 1
[85] Vgl. Mannino et al. (2015), S. 2
[86] Vgl. Mannino et al. (2015), S. 10
[87] Vgl. Mannino et al. (2015), S. 6
[88] Vgl. Mannino et al. (2015), S. 2
[89] Vgl. Mannino et al. (2015), S. 2
[90] Vgl. Mannino et al. (2015), S. 11

5. Diskussion

Betrachtet man nach der Ausarbeitung der vorliegenden Arbeit das Thema KI erneut, kann hierzu rekapitulierend festgehalten werden, dass die neue Technologie definitiv in den kommenden Jahren weiter an Bedeutung zunehmen und immer mehr in der Gesellschaft und Wirtschaft Anwendung finden wird. Neben den zahlreichen positiven Eigenschaften, die von KI ausgehen, birgt das Ganze auch viele Risiken und Herausforderungen, für die es notwendig ist, bereits vor der Einführung bestimmte Maßnahmen und Rahmenbedingungen zu schaffen. Es ergeben sich zahlreiche Übereinstimmungen zwischen dem Diskussionspapier und den theoretischen Grundlagen. Prinzipiell sollten seitens der Politik vor einer KI-Einführung die Maßnahmen und Rahmenbedingungen festgelegt werden, um so Risiken zu minimieren oder gar zu verhindern. Es wäre fatal, wenn z. B. der einmalige Versuch der Programmierung einer Superintelligenz scheitern würde. Möglicherweise würde hierfür auch nur eine Chance zur Verfügung stehen. Des Weiteren muss zwingend in die Forschung und Sicherheit solcher Systeme investiert werden, anstelle der aktuell im Fokus stehenden Entwicklungsgeschwindigkeit und Abgrenzung von Konkurrenten. Dies sollte ein zwingendes Kriterium von Beginn an darstellen. Leider sind aktuell die Rahmenbedingungen sehr schwammig ausgelegt, was bereits eine tagtägliche Gefahr darstellt. Auch mit Blick auf die Gesellschaft müssen vorab Maßnahmen seitens der Politik erfolgen, denn die Spaltung zwischen Arm und Reich wird durch den technologischen Fortschritt immer größer, was sich fatal auf die Gesellschaft auswirken würde.

Zunächst sollten alle denkbaren Risiken durch Vorgaben und Richtlinien abgedeckt werden, um daraus in unmittelbarer Zukunft die Vorteile, die von einer KI ausgehen, nutzen zu können. Sie könnte in vielen Bereichen wertvoll eingesetzt werden, wie beispielsweise im Bereich der Automatisierung oder der Medizin.

Abschließend folgt die Bewertung des eigenen Vorgehens. Dafür werden die grundlegenden Güterkriterien quantitativer Forschung herangezogen und auf die qualitative Forschung übertragen. Lincoln und Guba schlagen die Güterkriterien Verlässlichkeit (quantitative Forschung: Reliabilität), Nachvollziehbarkeit (quantitative Forschung: Objektivität), Glaubwürdigkeit (quantitative Forschung: Interne Validität) und Übertragbarkeit (quantitative Forschung: Externe Validität) vor.[91]

---

[91] Vgl. Lincoln/Guba (1985), S. 290

Das erste Güterkriterium Verlässlichkeit bezieht sich auf die Zuordnung des Textmaterials zu den Auswertungskategorien und auf die Exaktheit und Widerspruchsfreiheit des Codierleitfadens.[92] Bei wiederholten Codiervorgänge ergeben sich aus Sicht der Verfasserin eigene Übereinstimmungen. Jedoch ist zu beachten, dass eine hohe Übereinstimmung schwer zu erreichen ist, da der erste Durchgang vorerst der Überarbeitung und Ausdifferenzierung dient.[93] Weitere Konkretisierungen des Kategoriensystems im weiteren Verlauf der Analyse führt zu einer geringeren Verlässlichkeit, da einige Kategorien sich inhaltlich ähneln oder Verbindungen aufweisen.

Die Nachvollziehbarkeit ist gegeben, sobald die Informationen auf die Quellen zurückgeführt werden können und abschließende Auffassungen plausibel dargestellt sind.[94] In dieser Arbeit werden das Vorgehen und die Methoden beschrieben, Aussagen und Schlussfolgerungen werden mit den entsprechenden Textpassagen des Diskussionspapiers verzeichnet und bestätigt. Trotz allem könnten für Schlussfolgerungen noch stärkere Bezüge zu den theoretischen Grundlagen hergestellt werden.

Das Kriterium Glaubwürdigkeit richtet sich auf die interne Studiengüte und ist gleichzeitig die Voraussetzung für die externe Studiengüte.[95] In dieser Hausarbeit wurden alle Subkategorien definiert und mit jeweiligen Beispielen versehen. Abgesehen davon werden in der Ergebnisdarstellung und Schlussfolgerung Aussagen gewählt, die auf das Textmaterial stark angelehnt sind. Kritisch zu beachten ist, dass lediglich ein Codierer das gesamte Material bearbeitet hat. Jedoch ist für eine solche Analyse bedeutend, dass für die Bearbeitung des Materials mehrere unabhängige Codierer zum Einsatz kommen. Ein weiterer Kritikpunkt äußert sich in der Kategoriendefinition, welche präziser erläutert werden könnte.

Das letzte Güterkriterium stellt die Übertragbarkeit dar, welche sich auf die externe Studiengüte bezieht. Hierfür gibt es verschiedene Herangehensweisen von Kuckartz, welche aber in dieser Hausarbeit nicht weiter zum Tragen kommen. Grundsätzlich lassen sich die Ergebnisse der Untersuchungssituation verallgemeinern, das zeigt sich in den Übereinstimmungen, welche sich mit anderweitiger Literatur ergeben.

---

[92] Vgl. Früh (2011), S. 127
[93] Vgl. Mayring (2020), S. 499
[94] Vgl. Raake (2008), S. 131
[95] Vgl. Kuckartz (2014), S. 167

6. Fazit und Ausblick

Die zugrundeliegende Arbeit einer inhaltlich strukturierten qualitativen Inhaltsanalyse des Diskussionspapiers von Mannino et al. diente zur Beantwortung der aufgestellten Forschungsfragen, welche im zweiten Kapitel basierend auf den theoretischen Grundlagen erstellt wurden. Der Fokus richtete sich dabei auf die Chancen und Risiken, die ethischen Herausforderungen und den wichtigen Maßnahmen bei der Einführung, welche sich in Bezug zur KI ergeben. Im dritten Kapitel wurde auf die Vorgehensweise einer qualitativen Inhaltsanalyse in sieben Phasen aufgezeigt. Die letzte Phase diente zur kategorienbasierten Auswertung, sowie der Ergebnisdarstellung. Nach der Methodik wurde die Diskussion der Ergebnisse anhand der Güterkriterien dargestellt und kritisch bewertet.

KI-Anwendungen haben sowohl positive als auch negative Auswirkungen. Wichtig ist, die Risiken und Gefahren vor der Entstehung zu erkennen und Gegenmaßnahmen einzuleiten. Hierfür sollte die Politik die Rahmenbedingungen setzen und stärker kontrollieren, bevor eine unumkehrbare Gefahr für Menschheit entsteht. Durch die KI ergeben sich massenhafte Vorteile für die Wirtschaft, aber auch für die Gesellschaft. Ethische Probleme entstehen, wenn KI-Systeme Aufgaben mit sozialen Fähigkeiten übernehmen oder wichtige Entscheidungen treffen sollen. Hierfür müsste die Politik Maßnahmen ebenfalls Maßnahmen ergreifen.

Künftig werden sich KI-Anwendungen immer weiter entwickeln, dies könnte sich verstärkt auf die Selbstbewusstseinsentwicklung und die daraus entstehenden ethischen Herausforderungen fokussieren, da zu diesem Teilbereich wenig erforscht ist und dementsprechend wenig Literatur veröffentlicht wurde.

Anhang

Subkategorie zu "Chancen von KI"	Definition	Beispiele aus dem Material
Lebensstandard	Umfasst alle Vorteile und Chancen von KI hinsichtlich des Lebensstandards.	- mehr Raum für Freizeit und Selbstverwirklichung - Produktivitätssteigerung innerhalb der Gesellschaft
selbstfahrende Autos	Umfasst alle Vorteile und Chancen von KI, die von selbstfahrende Autos ausgehen.	- geringere Anzahl an Unfällen - rettet Menschenleben - zusätzliche Zeit für Arbeit und Entspannung
Medizin	Umfasst alle Vorteile und Chancen von KI, die den Bereich der Medizin angelangt.	- weniger Fehldiagnosen - schnellere Auswertung von Daten, sowie kombinierbarer - rettet Menschenleben durch weniger Fehler
Arbeit und Bildung	Umfasst alle Vorteile und Chancen von KI im Bereich Arbeit und Bildung.	- Entlastung der Arbeitnehmer durch die Übernahme von Maschinen - aus Unternehmersicht: schnellere, zuverlässigere und billigere Arbeitskräfte - Gamifizierung von Lerninhalten
Sonstige	Umfasst alle Vorteile und Chancen von KI, die nicht zu den oben augeführten vier Subkategorien zugeordnet werden können.	- keine kognitive Verzerrungen - Rationalitätssteigerung bei politischen und gesellschaften Herausforderungen - Neuronen feuern schneller als biologisches Gehirn, dadurch werden Signale schneller übertragen, große Daten- und Informationsmengen sind leichter editierbar und lassen sich leichter vervielfachen
Subkategorie zu "Risiken von KI"	**Definition**	**Beispiele aus dem Material**
Existenz	Umfasst alle Risiken von KI, welche die menschliche Existenz bedrohen.	- Superintelligenz verfolgt andere Ziele und Präferenzen als Menschen - Superintelligenz könnte unentdeckte Sicherheitslücken nutzen und Menschheit Erpressen oder zu einer Kooperation drängen
Fehlschlagen und Missbrauch	Umfasst alle Risiken von KI, die durch Fehlschlagen oder Missbrauch entstehen.	- Unerwartetes Fehlschlagen oder Missbrauch der KI- Systeme - Börsencrash 2010 in den USA
Arbeitslosigkeit	Umfasst alle Risiken von KI, die Auswirkungen auf den Arbeitsmarkt haben.	- höhere Arbeitslosenquote durch Automatisierung - großflächige Lohnsenkungen - weitere Öffnung der Einkommensschere - teilweise Lohnniveau unter Existenzminimum - Zunahme sozialer Ungleichheit
Suchtfaktor	Umfasst alle Risiken von KI, die auf das Suchtverhalten der Menschen Bezug nimmt.	- Suchtgefahr steigt durch verbesserte Neuerungen in der Unterhaltungsindustrie - Sozialverhalten, Aufmerksamkeitsspanne von Menschen, sowie Art wie Kinder aufwachsen wird sich verändern - Jugendliche mit exzessivem Konsum von Videospiel- und Internetkonsum haben Schwierigkeiten Ausbildung abzuschließen

Subkategorie zu "Ethische Herausforderungen"	Definition	Beispiele aus dem Material
Übernahme von Aufgaben und deren daraus resultierenden Verantwortungen	Umfasst alle ethische Herausforderungen von KI, die aus der Übernahme von Aufgaben und deren daraus resultierenden Verantwortungen mit sich bringen.	- Diskriminierung von Menschen aufgrund spezieller Kriterien - Bei drohendem Unfall erfolgt eine Abwägung und Entscheidung durch KI
Selbstbewusstseinsentwicklung	Umfasst alle ethische Herausforderungen von KI, die sich aus der Selbstbewusstseinsentwicklung ergeben.	- Missbrauch von KI (z. B. Studien zur Depressionen, Übernahme gefährlicher Tätigkeiten) - Leidensfähigkeit durch Selbstbewusstsein
Ethische Prinzipien bei der Konstruktion	Umfasst alle ethische Herausforderungen von KI, welche bei der Kontsruktion zu beachten sind.	- Nachvollziehbarkeit - Vorhersehbarkeit - keine Manipulierbarkeit - klare Verantwortlichkeit
Subkategorie zu "Wichtige Maßnahmen bei der Einführung"	Definition	Beispiele aus dem Material
Gesellschaft	Umfasst alle wichtigen Maßnahmen bei der Einführung neuer von KI, welche sich auf die gesellschaftlichen Aspekte beziehen.	- subventionierte Tätigkeiten - Anpassung Bildungsinhalte zur besseren Vorbereitung - Aufklärung durch Verantwortliche
Politik	Umfasst alle wichtigen Maßnahmen bei der Einführung neuer von KI, welche von der Politik ergriffen werden sollten zur Gewährleistung von Sicherheit.	- für Sicherheit und Verlässlichkeit sorgen - Vergabe Forschungsgelder zur Analyse, sowie Prävention von Risiken - Sicherstellung eines bedingungslosen Grundeinkommens, sowie eine negative Einkommenssteuer
Forschung	Umfasst alle wichtigen Maßnahmen bei der Einführung neuer von KI, welche sich auf Seite der Forschung ergeben.	- internationale Forschungskollaboration verstärken - Errichtung einer Ethikkommission für Forschungsexperimente

Literaturverzeichnis

Ballestrem, J. G., Bär, U., Gausling, T., Hack, S., von Oelffen, S. (2020), Künstliche Intelligenz – Rechtsgrundlagen und Strategien in der Praxis, Wiesbaden.

bitkom (21.04.2021), Künstliche Intelligenz kommt in Unternehmen allmählich voran, https://www.bitkom.org/Presse/Presseinformation/Kuenstliche-Intelligenz-kommt-in-Unternehmen-allmaehlich-voran, abgerufen am 10.10.2021.

BMWi (2018), Künstliche Intelligenz, https://www.bmwi.de/Redaktion/DE/Artikel/Technologie/kuenstliche-intelligenz.html, abgerufen am 12.09.2021.

Bosch (2020), Bosch KI-Zukunftskompass 2020, https://www.bosch-presse.de/pressportal/de/media/dam_images/pi11225/ki-zukunftskompass_2020_broschuere_de_final.pdf, abgerufen am 09.10.2021.

Buxmann, P., Schmidt, H. (2021), Künstliche Intelligenz – Mit Algorithmen zum wirtschaftlichen Erfolg, 2., aktualisierte und erweiterte Auflage, Berlin.

Daugherty, P. R., Wilson, H. J. (2018), Human + machine: Reimagining work in the age of AI, https://ebookcentral.proquest.com/lib/gbv/detail.action?docID=5180063, abgerufen am 10.10.2021.

Deutscher Bundestag (2019), Gesellschaftliche Akzeptanz der KI – Künstliche Intelligenz – Gesellschaftliche Verantwortung und wirtschaftliche Potentiale/Ausschuss, https://www.bundestag.de/presse/hib/592768-592768, abgerufen am 26.10.2021.

Duden (2021), Wörterbuch: Intelligenz, https://www.duden.de/rechtschreibung/Intelligenz, abgerufen am 26.06.2021.

Früh, W. (2011), Inhaltsanalyse – Theorie und Praxis, 7. Auflage, Konstanz.

Hebling, D. (2015), Wie wir eine smarte, krisenfeste, digitale Gesellschaft bauen können, https://papers.ssrn.com/sol3/papers.cfm?abstract_id=2559433, abgerufen am 23.10.2021.

Heesen, J., Grunwald, A., Matzner, T., Roßnagel, A. (2020), Ethik-Briefing – Leitfa-
den für eine verantwortungsvolle Entwicklung und Anwendung von KI-Systemen,
https://www.plattform- lernende-systeme.de/files/Downloads/Publikationen/AG3_ Whi-
tepaper_EB_200831.pdf, abgerufen am 07.11.2021.

Heesen, J. (2021), Wie kommt Ethik in die Künstliche Intelligenz? https://link.sprin-
ger.com/content/pdf/10.1007/s42354-021-0366-0.pdf, abgerufen am 03.11.2021.

Helmrich, R., Tiemann, M., Troltsch, K., Lukowski, F., Neuber-Pohl, C., Lewalder,
A., C., Güntürk-Kuhl, B. (2016), Digitalisierung der Arbeitslandschaften – Keine Pola-
risierung der Arbeitswelt, aber beschleunigter Strukturwandel und Arbeitsplatzwechsel,
Heft 180, Bonn.

Kleinberg, J., Lakkaraju, H., Leskovec, J., Ludwig, J., Mullainathan, S. (2017), Human Decisions and Machine Predictions, https://www.nber.org/papers/w23180, abgerufen am 07.11.2021.

Kreutzer, R. T., Sirrenberg, M. (2019), Künstliche Intelligenz verstehen – Grundlage –
Use-Cases – unternehmenseigene KI-Journey, Wiesbaden.

Kuckartz, U. (2014), Qualitative Inhaltsanalyse – Methoden, Praxis, Computerunter-
stützung, 2. Auflage, Weinheim/Basel.

Lernende Systeme, KI-Landkarte, https://www.plattform-lernende-systeme.de/ki-land-
karte.html, abgerufen am 12.09.2021.

Lincoln, Y. S., Guba, E. G. (1985), Natuaralistic Inquiry, Beverly Hills.

Lohaus, A., Vierhaus, M. (2019), Entwicklungspsychologie des Kindes- und Jungend-
alters für Bachelor, 4., vollständig überarbeitete Auflage, Berlin.

Mannino, A., Althaus, D., Erhardt, J., Gloor, L., Hutter, A., Metzinger, T. (2015),
Künstliche Intelligenz: Chancen und Risiken, Diskussionspapiere der Stiftung für Effektiven Altruismus.

Mayring, P. (2015), Qualitative Inhaltsanalyse – Grundlagen und Techniken, 12. Überarbeitete Auflage, Beltz.

Microsoft (2020), Microsoft erklärt: Was ist Machine Learning? Definition & Funktinoen von ML, https://news.microsoft.com/de-de/microsoft-erklaert-was-ist-machine-learning-definition-funktionen-von-ml/, abgerufen am 31.07.2021.

Mockenhaupt, A. (2021), Digitalisierung und Künstliche Intelligenz in der Produktion – Grundlagen und Anwendung, Wiesbaden.

Paaß, G., Hecker, D. (2020), Künstliche Intelligenz – Was steckt hinter der Technologie der Zukunft?, Wiesbaden.

Raake, A. (2008), Strategisches Performance Measurement – Anwendungsstand und Gestaltungsmöglichkeiten am Beispiel des öffentlichen Personennahverkehrs, Berlin/Münster.

Schick, U. (2018), Was ist künstliche Intelligenz? https://news.sap.com/germany/2018/03/was-ist-kuenstliche-intelligenz/, abgerufen am 25.06.2021.

Welsch, A., Eitle, V., Buxmann, P. (2018), Maschinelles Lernen – Grundlagen und betriebswirtschaftliche Anwendungspotentiale am Beispiel von Kundenbindungs-prozessen, Wiesbaden.

Wittpahl, V. (2019), Künstliche Intelligenz – Technologie, Anwendung, Gesellschaft, Berlin/Heidelberg.

BEI GRIN MACHT SICH IHR WISSEN BEZAHLT

- Wir veröffentlichen Ihre Hausarbeit,
  Bachelor- und Masterarbeit

- Ihr eigenes eBook und Buch -
  weltweit in allen wichtigen Shops

- Verdienen Sie an jedem Verkauf

Jetzt bei www.GRIN.com hochladen und kostenlos publizieren